ENDYMION,

PASTORALE

HEROIQUE;

REPRÉSENTÉE POUR LA PREMIERE FOIS

PAR L'ACADEMIE ROYALE

DE MUSIQUE;

Le Jeudy dix-sept May 1731.

DE L'IMPRIMERIE

De JEAN-BAPTISTE-CHRISTOPHE BALLARD,

Seul Imprimeur du Roy , & de l'Académie Royale de Musique.

M. DCCXXXI.

AVEC PRIVILÉGE DU ROT.

LE PRIX EST DE XXX. SOLS.

733

(1)

AVERTISSEMENT.

CETTE Pièce n'eſt pas entiere-
ment telle que le Public la voit
depuis long - temps imprimée avec
d'autres Ouvrages de la même main.
On en avertit, pour ne rien dérober
à l'Auteur de divers changements,
quelquefois aſſez conſiderables , où
la Muſique a cherché ſes avan-
tages.

ACTEURS ET ACTRICES

Chantants dans tous les Chœurs de la Pastorale Heroïque.

CÔTÉ DU ROY.

Mesdemoiselles	Messieurs
Dun.	Dun-Pere.
Dutillié.	Flamand.
Duval-L.	S. Martin.
Duval-C.	Goujet.
Lavallée.	Jolly.
Gomeny.	Lefevre.
	Marcelet.
	Buseau.
	Deshais.
	Duplessis.
	Combault.

CÔTÉ DE LA REINE.

Mesdemoiselles	Messieurs
Antier-C.	Le Myre.
Tettelette.	Morand.
Charlard.	Deserre.
Delorge.	Plet.
Sabatie.	Dautrep.
	Valentin.
	Besson.
	Lasalle.
	Duchesne.
	Houbault.

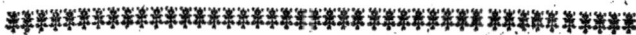

ACTEURS
DE LA PASTORALE.

DIANE,   Mlle. Pelliffier.

PAN,   Mr. Chaffé.

ENDIMION, *Berger,*   Mr. Tribou.

ISMENE, *Bergere,*   Mlle. Jullye.

LYCORIS, *Confidente de* DIANE,   Mlle. Petitpas.

EURILAS, *Confident d'*ENDIMION,   Mr. Dun.

UN BERGER,   Mr. Dumaft.

UN SATYRE,   Mr. Dumaft.

UNE NYMPHE,   Mlle. Petitpas.

PREMIERE BERGERE,   Mlle. Petitpas.

DEUXIE'ME BERGERE,   Mlle. Mignier.

UNE HEURE,   Mlle. Jullye.

UNE DRIADE,   Mlle. Mignier.

L'AMOUR,   Mlle. Petitpas.

DEUX AMOURS,   Mlles. Dun, Duval-C.

ACTEURS DANSANTS
DE LA PASTORALE.

PREMIER ACTE.

NYMPHES DE DIANE;

Mademoiselle Richalet ;

Mesdemoiselles Durocher, Carville, Thybert, Feret, Rabon , Favre , Lamartiniere.

SECOND ACTE.

BERGERS ET BERGERES;

Monsieur D-Dumoulin ; Mademoiselle Camargo;

Monsieur Laval;

Messieurs P-Dumoulin , F-Dumoulin , Malter-L., Hamoche , Dangeville.

Mesdemoiselles Richalet , Rabon , Thybert, Durocher , Feret.

TROISIE'ME ACTE.

FAUNES ET DRIADES;

Monſieur Dupré;

Meſſieurs Savar, Renaud, Dumay, Dupré.
Mademoiſelle Mariette;

Meſdemoiſelles Thybert, Lamartiniere, Feret,
Richalet, Rabon.

QUATRIE'ME ACTE.

LES HEURES;

Mademoiſelle Richalet;

Meſdemoiſelles Durocher, Thybert, Favre, Rabon,
Lamartiniere, Feret.

CINQUIEME ACTE.

JEUX ET PLAISIRS;

Monſieur D-Dumoulin ;

Mademoiſelle Camargo ;

Meſſieurs Dangeville , Javilliers , Dumay,
P-Dumoulin.

Meſdemoiſelles Durocher , Richalet , Feret,
Rabon.

ENDIMION,

ON vend la Musique de l'OPERA d'ORION, Partition in-quarto.   12. l.

Les OPERA *précedents* de la même forme, sont du même prix.

Ceux de *Lully*, & *autres*, de la forme in-folio, *à l'exception des rares*, sont chacun, de   20. l.

Le *Catalogue cronologique*, depuis l'établissement de l'Academie, en fournit un *Détail exact*. On le vend   12. s.

On ne vend chaque Livre de *Paroles* in-quarto, que   30. s.

Et le Recueil general in-douze, qui a actuellement *onze Volumes*, qu'à raison de cinquante sols le Volume,   27. l. 10. s.

Il y a d'autres A M U S E M E N T S de Musique In-douze, qui sont les *Parodies*, les *Brunettes*, les *Tendresses Bachiques*, la *Clef des Chansonniers*, les *Rondes*, les *Menuets*; le tout au nombre de *quatorze Volumes* propres à chanter & à joüer, à cinquante sols le Volume,   35. l.

Les *Meslanges de Musique* Latine, Françoise & Italienne; *Trois Années*, à huit livres piece,   24. l.

Chaque Saison de l'Année,   2. l.

Chaque Volume des *trente Années de Mois* qui ont précedé ce Recueil, *à l'exception des rares*,   8. l.

Les M E T H O D E S, de *l'Affilard*, de *la Musique Theorique & Pratique*, des Principes de Flutes d'*Hottere*, à 50. s. piece, 7. l. 10. s.

Les *Principes par D. & R.* & les trois *Methodes* de Plain-Chant.   4. l.

Le *Dictionnaire* de Musique de *Brossard*.   9. l.

Le *Traité de l'Harmonie*, Volume in-quarto de *Rameau*,   12. l.

Son nouveau *Systême de Musique*,   3. l.

Ses Pieces de C L A V E C I N, celles de *Marchand*, & celles de *differents Auteurs*, à 40. sols, chaque Livre,   8. l.

Celles de *d'Anglebert*,   10. l.

Les deux Livres de C A N T A T E S de *Morin* & la Chasse,   15. l.

Toutes celles de *Clérambault*,   50. l. 10. s.

Celles de *Batistin*, quatre Volumes,   25. l.

Celles de *Gervais*, Volume In-folio,   5. l.

Celles de *differents Auteurs*, six Volumes In-folio,   15. l.

Trois Volumes In-quarto,   3. l.

Celles de *Campra*, deux Volumes,   10. l.

Chaque Livre de ses MOTETS; ceux de *Brossard, Morin, Lochon, Valette. Bournonville. Astier & Saffret*. In-fol. à 5. l. piece.   60. l.

Trois Livres *Italiens de differents Auteurs*; le dernier nou-
    veau, à deux livres dix fols,   7. l. 10. f.
  Les neuf Leçons de Tenebres de *Broffard*, de même forme,   5. l.
  Celles de *Nivers*, In-octavo,   1. l. 5. f.
    Ou In-quarto avec les *Paffiont*, de fa Compofition,   7. l. 10. f.
Les *Cantates* de Mlle de *Laguerre*, fur des fujets de l'Ecriture.   10. l.
Efther, les Stances Chrétiennes, & les *Cantiques de Collaffe*, in-4°.   15. l.
Les MESSES *en Mufique*, à 4. 5. & 6. Parties, à l'ufage des
    Cathedrales, fur le pied de *dix fols la Partie*,
On vient de réimprimer d'Auxcouſteaux, *Secondi Toni*,
    de Coffet, *Gaudeamus*, & de d'Helfer, *pro Defunctis*.
On vend les *Pieces* d'ORGUE de *Boivin*, fes deux Livres.   30. l.
    Le dernier Livre feparément.   10. l.
Celles de *Grigny*, & de *Corette*, chacune   5. l.
On vend auffi les *Ouvertures* des Opera de *Lully*, Parodiées
    & imprimées in-folio fans retourne, pour être propres
    à joüer & à chanter,   4. l.
Les *Charmes de l'Harmonie*, In-folio,   7. l. 10. f.
Les *Mille-&-un-Air*, ou *Potpoury*, quatre Volumes en un,   6. l.
Les *Concerts Parodiques* fur les plus beaux Airs de *Lully*,
    Lambert, le *Camus*, & autres celebres Auteurs, & les
    Madrigaux de *la Sabliere*,   4. l.
Le Recueil de neuf DIVERTISSEMENTS differents,
    qui font, *Le Pourceaugnac*, *Cariſelly*, *Le Profeffeur de Folie*,
    La Serenade Venitienne, *La Veuve Coquette*, *La Critique des*
    Feftes de Thalie, *La Provençale*, *L'Hymenée Royale*, *Les Bergers*
    de Surenne, Volume in-quarto,   28. l.
Le *Retour des Dieux*, nouveau Divertiffement.   3. l.
Le Recueil des *Airs* de vingt differentes *Comedies* des deux
    Theâtres, Volume in-quarto,   20. l.
Il y a encore un Recueil d'*Airs Italiens*, choifis, contenant
    cinq differents Livres, Volume in-quarto,   20. l.
On vient d'imprimer L'*Amour aveuglé par la Folie*, CANTATE
    in-folio.   24. f.
Les *Duo choifis* pour la *Flute* & le *Hautbois*, in-quarto. 73. P. 3. l.

On trouve auffi les autres Livres de Mufique, foit d'Eglife, foit de
Chambre, de tous les Auteurs.

L'IMPRIMERIE DU MONT-PARNASSE,
qui a le Privilege exclufif pour la Mufique, fournit encore tous les
Livres de Plain-Chant, & des Impreffions ordinaires, comme toutes
les autres Imprimeries.

ENDIMION,
PASTORALE HEROIQUE.

ACTE PREMIER.
Le Theâtre repréſente un Bois.

✱✱✱✱✱✱✱✱ ✱✱✱✱✱✱✱✱ ✱✱✱✱✱✱✱✱✱✱✱✱✱✱✱✱ ✱✱✱✱✱✱✱✱

SCENE PREMIERE.
PAN, LICORIS, UN SATYRE.
LICORIS, à PAN.

Eſſez, ceſſez, d'être Amant d'une Ingrate.

LE SATYRE.
Choiſiſſez mieux l'Objet de vos deſirs.

LICORIS.
Dans vôtre amour il n'eſt rien qui vous flate.

LE SATYRE.
Ne perdez point de precieux ſoûpirs.

A

E N D I M I O N,

L I C O R I S.

Diane est belle & charmante,
Mais elle est indifferente ;
Sa froideur ne doit-t-elle pas
Vous la faire voir sans appas ?

LE SATYRE ET LICORIS.

Cessez, cessez d'être Amant d'une Ingrate,
Choisissez mieux l'Objet de vos desirs,
Dans vôtre amour il n'est rien qui vous flate,
Ne perdez point de precieux soûpirs.

P A N.

La froideur & l'indifference
Ne sont qu'une fausse apparence
Qui ne doit pas décourager.
Près d'un Amant fidelle,
Est-il une Cruelle
Qui ne soit en danger ?

L I C O R I S.

Quittez une vaine esperance.

PASTORALE HEROIQUE.

LE SATYRE.

Du moins vous courez le hazard
De soûpirer sans recompense.

LICORIS.

Quittez une vaine esperance.

LE SATYRE.

Dûssiez-vous être heureux, vous le seriez trop tard.

PAN.

Je ne sens point mon cœur effrayé des obstacles,
Pour les surmonter tous il est d'heureux moments;
Mais quand l'amour fait des miracles,
Ce n'est pas en faveur des timides Amants.

PAN sort avec le Satyre, & Licoris demeure seule
pendant quelques moments.

A ij

SCENE II.

DIANE, LICORIS.

LICORIS, à DIANE qu'elle voit arriver.

Quel bonheur vous conduit dans ce Bois solitaire,
Sans y trouver un Amant odieux ?
Pan vient de sortir de ces lieux.

Malgré vôtre humeur sévere,
Le moins aimable des Dieux
A fait dessein de vous plaire,
Rien ne marque mieux
Que la raison ne tient guere,
Contre l'éclat de vos yeux.

DIANE.

Laissons à cet Amant une audace si vaine,
Elle aura le succès qu'elle peut meriter.
Mais que me veut Ismene ?
Il la faut écouter.

✻✻✻

SCENE III.

DIANE, LICORIS, ISMENE.

ISMENE.

DEesse, à vos genoux qu'avec respect j'embrasse,
    Puis-je esperer d'obtenir une grace ?
Mon cœur s'est dégagé d'un malheureux amour ;
Souffrez que desormais je vous suive à la Chasse,
    Recevez-moy dans vôtre Cour.
L'Amour n'ose sur vous étendre sa puissance,
Je connois ses rigueurs, je crains encor ses coups.
    Je ne puis être en assurance
    Si je ne suis auprès de vous.

DIANE.

    Quels malheurs, quels destins contraires
De l'Amour pour jamais vous font rompre les nœuds ?
Endimion toûjours neglige-t-il vos vœux ?

ISMENE.

Il redouble pour moy ses mépris ordinaires,
Il renonce au projet qu'avoient formé nos Peres
    De nous unir tous deux.

Trop funeste projet, où je crus tant de charmes,
    Combien m'as-tu coûté de larmes !
    Helas ! tu n'as fait qu'exciter
    Un feu qu'il faut éteindre ;
    Tu me donnois, pour l'augmenter,
    De vains sujets de me flater,
    Et le triste droit de me plaindre.

DIANE.

Quand l'Amour est en couroux,
Son couroux n'est pas durable.
Endimion est aimable ;
S'il revient jamais vers vous
Serez vous inéxorable ?

Vous ne répondez point, je voy vôtre embarras.

ISMENE.

Daignez me presser moins, il n'y reviendra pas.

DIANE ET LICORIS.

Vous aimez, vous aimez encore.

ISMENE.

Non, non, mes liens sont rompus.

DIANE ET LICORIS.

Vous aimez, vous aimez encore.

ISMENE.

Si j'aime encor, helas ! permettez que j'implore
Vôtre secours pour n'aimer plus,

DIANE.

Vous dont je suis la souveraine,
Nymphes, qui sur mes pas vous plaisez à chasser,
Recevez parmy vous Ismene,
A l'Amour comme vous elle veut renoncer.

SCENE IV.

DIANE, ISMENE, NYMPHES DE DIANE.

CHOEUR DES NYMPHES.

Nous goûtons une paix profonde,
Venez, venez parmy nous :
Que l'Amour au reste du monde
Fasse ressentir ses coups,
Ils n'iront point jusqu'à vous.
Venez, venez parmy nous.

Nous goûtons une paix profonde,
Venez, venez parmy nous.

Danses des Nymphes.

UNE NYMPHE.

Les biens qui contentent nos cœurs,
Viennent s'offrir à nous sans nous coûter de larmes,
L'amour le plus heureux a toûjours ses allarmes
Aux innocents plaisirs il ôte leurs douceurs,
Les Chansons des Oyseaux, les Ombrages, les Fleurs,
Les doux Zephirs, ont pour nous tous leurs charmes.

DIANE à ISMENE.
Puiſqu'enfin vôtre cœur perſiſte dans ſon choix,
Recevez de ma main & l'Arc & le Carquois.

CHOEUR DES NYMPHES.
Joüiſſez de l'heureux partage
Qui vous eſt preſenté.

UNE NYMPHE.
L'Amour de toutes parts fait un affreux ravage,
Goûtez-en davantage
Le prix de la tranquilité.

LES NYMPHES.
Joüiſſez de l'heureux partage
Qui vous eſt preſenté.

LA NYMPHE.
Quand tout gemit dans l'eſclavage,
Qu'il eſt doux d'être en liberté !

ENSEMBLE.
Joüiſſons de l'heureux partage
Qui nous eſt preſenté.

Elles ſortent avec Iſmene.

SCENE V.

SCENE V.

DIANE, LICORIS.

DIANE.

QUe tu prens un soin inutile,
Ismene ! quelle erreur conduit icy tes pas ?
Tu veux auprès de moy rendre ton cœur tranquille,
Et le mien ne l'est pas,
Tu fuis Endimion, helas !
Que tu choisis mal ton azile !

LICORIS.

Sans sçavoir de quel trait vôtre cœur est atteint,
Elle se plaint à vous d'une flâme fatale :
Avec plaisir on voit une Rivale
Qui souffre, & qui se plaint.

DIANE.

En écoûtant ses maux, ma honte étoit extrême,
D'imposer à ses yeux par un calme apparent ;
J'ay bravé de l'Amour la puissance suprême,
Et l'on me croit toûjours la même ;
Mais je ne joüis plus des honneurs qu'on me rend,
Et l'on me reproche que j'aime,
Quand on vient me vanter mon cœur indifferent.

B

LICORIS.

Dégagez-vous, songez que vous êtes Déesse,
Et daignez voir quel choix vous avez fait.

DIANE.

Je rougis de ma tendresse,
Et non pas de son objet;

L'aimable Berger que j'adore,
N'a pas besoin d'un rang qui s'attire les yeux,
Il a mille vertus que luy-même il ignore,
Et qui feroient l'orgüeil des Dieux.

LICORIS.

Mais, s'il ne sort jamais de son indifference....

DIANE.

Je sçay trop à quels maux je dois me preparer.

Un éternel silence
Cachera cet amour dont ma gloire s'offense:
En secret seulement j'oseray soûpirer;
Je languiray sans esperance,
Et craindray même d'esperer.

FIN DU PREMIER ACTE.

ACTE SECOND.

Le Theâtre repréſente un Temple ruſtique que les
Bergers ont élevé pour D I A N E ; & qui n'eſt
pas encore conſacré.

SCENE PREMIERE.

E N D I M I O N , E U R I L A S.

E N D I M I O N.

Q *Uel jour , quel heureux jour , je vais voir*
celebrer !
Nos Bergers pour Diane ont ſecondé mon zele ;
Ce Temple par mes ſoins eſt élevé pour elle ,
Et nous allons le conſacrer.

B ij

Jamais par des soupirs mon amour ne s'exprime ;
Du moins par des Autels je le marque sans crime.
    Ce détour, ce déguisement
    Convient à mon respect extrême ;
    Et mon cœur, pour cacher qu'il aime,
    Feint qu'il adore seulement.

EURILAS.

    Cachez moins un amour fidelle ;
    Vous n'étes qu'un Berger,
    Diane est immortelle :
    Mais des appas d'une Belle,
    Tous les yeux peuvent juger,
Et tous les cœurs ont droit de s'engager.

ENDIMION.

Si j'étois immortel, & Diane Bergere,
    Je craindrois encor sa colere :
    Mes feux n'osent paroître au jour,
Je gémis sous les loix que le respect m'impose ;
Mais sa Divinité n'en est pas tant la cause,
    Que ses appas & mon amour.

EURILAS.

    Que peut prétendre un Amant, dont la peine
    Ne doit jamais se découvrir ?
    Que n'avez-vous pris soin de vous guérir
    Par l'hymen de l'aimable Ismene ?

Près d'un Objet dont on est adoré,
On oublie à la fin une Beauté cruelle :
D'une funeste flâme un cœur n'est délivré,
    Que par une flâme nouvelle ;
      Et contre les Amours,
   Les Amours seuls sont un secours.

ENDIMION.

Je meurs d'un feu trop beau pour le vouloir éteindre,
Je ne puis esperer, & je n'ose me plaindre :
Cependant un plaisir qui ne peut s'exprimer,
Adoucit en secret des peines si cruelles.
Au milieu de mes maux , je m'applaudis d'aimer
   La plus fiere des Immortelles.

EURILAS.

La Fierté plaît, lorsque l'on est flaté
   Du doux espoir de la victoire ;
   Mais vous ne pouvez croire
Que Diane jamais perde sa liberté ;
   Quel charme a pour vous sa fierté ?

ENDIMION.

   Elle redouble sa gloire ,
   Et le prix de sa beauté.

Je vois de nos Bergers la troupe qui s'avance.
Eurilas , il est temps que la fête commence.

SCENE II.

ENDIMION, Troupe de BERGERS
& de BERGERES.

ENDIMION.

ECoutez ces Bergers, qui parlent par ma voix,
   Déesse, daignez quelquefois
   Visiter ce Temple rustique,
On vous éleve ailleurs des Temples éclatans ;
  Mais dans un lieu plus magnifique
On n'offre pas des vœux plus purs ny plus constants.

Danse des Bergers.

PREMIER BERGER.

Brillant Astre des nuits, vous reparez l'absence
  Du Dieu qui nous donne le jour :
   Vôtre Char, lorsqu'il fait son tour,
Impose à l'Univers un auguste silence ;
Et tous les feux du Ciel composent vôtre Cour.

UNE BERGERE.

En descendant des Cieux, vous venez sur la terre,
   Regner dans les vastes Forests.
Vôtre noble loisir sçait imiter la guerre,
Les Monstres dans vos Jeux succombent sous vos
 traits.

UNE BERGERE, UN BERGER,

EURILAS.

ENSEMBLE.

Jusque dans les Enfers vôtre pouvoir éclate ;
Les Manes, en tremblant, écoûtent vôtre voix :
  Au redoutable nom d'Hécate,
Le sévere Pluton rompt luy-même ses Loix.

        On danse.

CHOEUR.

Que le Ciel, que la Terre, & le sombre Rivage,
Que tout rende à Diane un éternel hommage :
Que de vœux differents elle doit recevoir !
  Chantons sa puissance suprême,
  Le Maître des Dieux même,
  N'étend pas si loin son pouvoir.

ENDIMION.

Vos éloges, Bergers, touchent peu la Déesse ;
  Songeons plûtôt à vanter
  Son cœur exempt de foiblesse,
  Et nos Chants pourront la flatter.
  Faites-vous un effort pour elle,
Malgré l'Amour dont vous suivez la Loy ;
  Célébrez la gloire immortelle
  D'un cœur toûjours maître de soy.

CHOEUR.

Un triomphe éclatant augmente vôtre gloire,
C'est en vain que l'Amour veut s'armer contre vous,
Vôtre insensible cœur a sçû braver ses coups ;
Et le Vainqueur des Dieux vous céde la victoire.

SCENE III.

SCENE III.

DIANE DESCEND DU CIEL.

DIANE, LICORIS, ENDIMION, BERGERS.

DIANE.

BErgers, jufqu'en ces lieux vôtre hommage m'attire,
De finceres refpects fçavent charmer les Dieux;
Mais je viens arrêter des chants audacieux,
   Que trop de zele vous infpire.

   Il fuffit de fuir les Amours,
   Et d'éviter leur efclavage;
   Mais, par de fuperbes difcours,
   Il ne faut point leur faire outrage.
   Il fuffit de fuir les Amours,
   Il ne faut point leur faire outrage.

   Retirez-vous, c'en eft affez:
Vos encens & vos vœux feront recompenfez.

       Tous les Bergers fe retirent.

C

****

SCENE IV.

DIANE, LICORIS.

LICORIS.

Ciel! quel étonnement de mon ame s'empare!
   Quoy! vôtre noble orgüeil se dément en ce jour?
      Diane hautement déclare
   Qu'Elle est moins contraire à l'Amour!

DIANE.

   Endimion ordonnoit cette Feste,
     Luy; dont mon cœur est la conqueste?
En outrageant l'Amour il croyoit me flater.
     Excuse ma foiblesse,
   Son erreur blessoit ma tendresse,
   Et je n'ay pû la supporter.

LICORIS.

Ne me déguisez rien, vous luy voulez apprendre
   Que jusqu'à vous il peut lever les yeux:
Vous prenez pour parler un tour misterieux;
   Mais vous voulez qu'il ose vous entendre.

DIANE.

Pourrois-je le vouloir? Ciel! quelle honte, helas!
Du moins, si je le veux, ne le penetre pas.

FIN DU SECOND ACTE.

ACTE TROISIEME.
Le Theâtre repréfente un Lieu champêtre.

SCENE PREMIERE.
PAN, ENDIMION, EURILAS, UN SATYRE.

PAN.

Ergers, croiray-je un bruit qui vient de fe répandre.
Diane a-t-elle protegé
L'Amour par vos chants outragé?

ENDIMION ET EURILAS.

Elle-même a paru pour le venir défendre.

P A N.

Ah! j'obtiendray le prix que merite ma foy.
A l'Amour déformais Diane est moins rebelle,
J'ose seul soûpirer pour elle,
Ce changement ne regarde que moy.

Avec bien de l'amour on est toûjours aimable;
La Beauté que je sers étoit impitoyable;
Je sçay que je dois peu compter sur mes appas;
Mais mon cœur m'assuroit d'un succès favorable,
Je l'ay crû sur sa foy, je ne m'en repens pas.
Avec bien de l'amour on est toûjours aimable.

LE SATYRE.

Aimez, aimez, j'approuve enfin vos feux,
Puisqu'ils vont être heureux.

P A N.

Je veux, je veux marquer ma joye à la Déesse:
Que les Faunes s'assemblent tous;
Qu'ils viennent remplis d'allégresse,
L'applaudir dès ce jour d'un changement si doux.

ENDIMION.

Quoy! déja vôtre amour s'apprête
A faire éclater sa conquête?

EURILAS.

L'Amant d'une fiere Beauté
Doit ménager sa vanité ;
S'il fait des progrès, il doit feindre
De ne pas s'en appercevoir ;
Il faut qu'il ait l'Art de se plaindre,
Au milieu du plus doux espoir.

PAN.

Et bien, sans montrer que j'espere,
Rendons hommage à ses attraits ;
Et par des soins qui ne peuvent déplaire,
Contentons des transports qu'il faut tenir secrets.

****

SCENE II.

ENDIMION, EURILAS.

ENDIMION.

Quel coup affreux quel coup terrible
Vient combler tous les maux qui déchiroient mon cœur !
Je me flattois d'aimer une Insensible,
Je ne puis conserver un si cruel bonheur.

Que la fierté de Diane étoit belle !
Mais, qu'Elle a fait un choix indigne d'elle !
Si ses appas me faisoient soûpirer,
Sa gloire me charmoit plus que ses appas même ;
Et je perds le plaisir extrême,
Que je sentois à l'admirer.

Vengeons-nous vengeons-nous d'une injure mortelle,
Il ne me reste plus que ce funeste bien ;
Ostons à l'Infidelle, un cœur tel que le mien.

EURILAS.

Quelle fidelité Diane vous doit-elle ?
Vos cœurs n'ont pas été dans un même lien.

ENDIMION.

Elle devoit m'être fidele,
Du moins en n'aimant jamais rien.

Toy-même, Tu m'as dit qu'en épousant Ismene,
　　Et son amour & mon devoir
Se seroient opposez au penchant qui m'entraîne;
　　Je veux essayer leur pouvoir.
Je veux redemander Ismene à la Déesse,
Heureux, si de ses mains je pouvois recevoir
　　Ce qui doit venger ma tendresse!

EURILAS.

　　C'est assez de se guerir,
　　La vengeance est inutile;
　　Pourvû que vous soyez tranquille,
Qu'importe qu'une Ingrate ait peine à le souffrir?
　　La vengeance est inutile,
　　C'est assez de se guerir.

ENDIMION.

Si je ne suivois pas ce conseil salutaire,
　　Tous les Dieux devroient m'en punir.

La Déesse paroît, je vais te satisfaire,
　A mon repos Ismene est necessaire,
　　Je vais tâcher de l'obtenir.

SCENE III.

DIANE, ENDIMION.

ENDIMION.

DEeſſe, mon audace eſt peut-être trop grande,
De croire avoir le droit d'implorer vos bontez.
Si je merite peu ce que je vous demande,
Les bienfaits des Divinitez
Ne peuvent être meritez.

DIANE.

Parlez, vous me verrez répondre à vôtre attente.

ENDIMION.

Iſmene a le bonheur d'être de vôtre Cour,
Je ne ſçay cependant ſi ſon ame eſt contente ;
Daignez ſouffrir ſon retour,
Si j'obtiens qu'Elle y conſente,
Daignez la rendre à mon amour.

DIANE.

Quoy ! vous l'aimez, vous dont l'indifference
Rejettoit ſes vœux & ſes ſoins ?

ENDIMION.

Quand on y penſe le moins,
Souvent l'amour prend naiſſance.

La

La pitié, le repentir,
Tout vers Ismene me rapelle ;
Sa retraite m'a fait sentir
Combien je perdois en elle.

DIANE.

Berger, ce que vous souhaitez
N'est pas une legere grace.

ENDIMION.

Si jamais des Mortels les vœux sont écoûtez...

DIANE.

Allez, je resoudray ce qu'il faut que je fasse,
Et vous sçaurez mes volontez.

D

SCENE IV.

DIANE.

OU suis-je ? Endimion pour Ismene soûpire,
Et moy, je me livrois au charme qui m'attire.
Déja je trahissois le secret de mon feu.
Après une foiblesse inutile & honteuse,
Après avoir envain commencé cet aveu,
Quelle vengeance rigoureuse....
Mais, quoy ? ne dois-je pas me croire trop heureuse,
Que l'Ingrat m'entende si peu ?

En me causant une douleur extrême,
Il met du moins, ma gloire en seureté :
S'il ne m'eût soûtenue, helas ! contre luy-même,
J'oubliois toute ma fierté.

Mais, qu'il ne pense pas que je luy rende Ismene :
Qu'il n'attende pas mon secours,
Pour former une indigne chaîne ;
Je redeviens Diane, & veux l'être toûjours,
Je reprens ma premiere haine
Pour tous les cœurs esclaves des Amours.

Je voy le Dieu des Bois, faut-il que je l'entende ?
Ma peine, ô Ciel ! n'est donc pas assez grande ?

******* ************ ******************** ****

SCENE V.

DIANE, PAN, FAUNES, SILVAINS ET DRIADES.

PAN.

DEeſſe , ſouffrez qu'en ce jour
 Tous les demy-Dieux de ma Cour
Se ſoûmettent à vôtre Empire :
Mes ſoins ne peuvent ſeuls ſuffire ,
A vous marquer tout mon amour.

Que les Forêts , que les Monts applaudiſſent
Au choix qu'a fait le Dieu des Monts & des Forêts ;
 Que les Antres les plus ſecrets ,
  Sans ceſſe retentiſſent
  De Diane & de ſes attraits ;
 Que tous les autres chants finiſſent.
On ne doit célebrer qu'un Objet ſi charmant
 Dans tous les lieux où regne ſon Amant.

CHOEUR.

Que les Forêts , que les Monts applaudiſſent
Au choix qu'a fait le Dieu des Monts & des Forêts ;
 Que les Antres les plus ſecrets ,
  Sans ceſſe retentiſſent
  De Diane & de ſes attraits ;
 Que tous les autres Chants finiſſent.
On ne doit célébrer qu'un Objet ſi charmant ,
 Dans tous les lieux où regne ſon Amant.

Danſes des Faunes.

D ij

UNE DRIADE.

Dans nos Forêts tout plaît, tout enchante,
　　Souvent l'Amour
　　　Y conduit sa Cour;
De ses bienfaits la douceur constante,
　　Loin des Amants,
　　Bannit les tourments.

Quand sous ses loix ce Dieu nous engage,
　　Sans s'allarmer,
　　Il suffit d'aimer.
De ce Vainqueur l'aimable esclavage
　　Nous offre des nœuds,
　　Au gré de nos vœux.
　　Que ses traits ont de charmes!
　　Qu'on luy rende les armes:
　　　Devroit-on seulement
　　　Perdre un moment?

Dans nos Forêts tout plaît, tout enchante,
　　Souvent l'Amour
　　　Y conduit sa Cour;
De ses bienfaits la douceur constante,
　　Loin des Amants,
　　Bannit les tourments.

Quittez nos bois, Beautez inhumaines,
Ne troublez pas d'heureux soûpirs,
Icy nos chaînes,
Au lieu de peines,
Ne presentent que des plaisirs.

Douce Esperance,
Tu prens naissance
Presqu'aussi-tôt que les desirs.

Dans nos Forests tout plaît, tout enchante,
Souvent l'Amour
Y conduit sa Cour ;
De ses bienfaits la douceur constante,
Loin des Amants,
Bannit les tourments.

PAN.

Regnez, regnez sur nous, adorable Immortelle,
Faites-vous une Cour nouvelle ;
Sur les Faunes, sur les Silvains,
Etendez déformais vos ordres souverains.

CHOEUR.

Regnez, regnez sur nous, adorable Immortelle ;
Faites-vous une Cour nouvelle ;
Sur les Faunes, sur les Silvains,
Etendez déformais vos ordres souverains.

On danse.

UNE DRIADE, alternativement
avec le Chœur.

LA DRIADE.

CHantons dans ces Retraites:
Echos de ces Bois,
Répondez à nos voix;
Du Dieu qui les a faites,
Chantons mille fois,
Les aimables Loix.

LE CHOEUR, *Chantons*, &c.

LA DRIADE.

Regards, soûpirs, silence,
Tout parle d'amour,
Tout l'exprime à son tour;
Jamais l'indifference,
Jamais le mépris
N'en devient le prix.

LE CHOEUR, *Chantons*, &c.

LA DRIADE.

Tout plaît, tout rit, tout charme,
Les cœurs volent tous,
Au devant de ses coups,
Il regne dès qu'il s'arme;
Les moindres faveurs
Sont des traits vainqueurs.

LE CHOEUR, *Chantons*, &c.

P A N.

Approuvez une ardeur que rien ne peut éteindre,
Déesse, sous vos loix l'Amour m'a sçû ranger.

D I A N E.

A recevoir vos soins j'ay voulu me contraindre,
Peut-être en les fuyant j'aurois paru les craindre:
Quand on est trop sévere, on se croit en danger;
Je veux vous annoncer d'une ame plus tranquille,
Que vôtre amour est inutile,
Et qu'il faut vous en dégager.

Elle sort.

S C E N E VI.

PAN, FAUNES, SILVAINS, LE SATYRE.

P A N.

AY-je bien entendu cet orgueilleux langage?
Elle me brave impunément,
Et je demeure icy frapé d'étonnement !
Non, ce n'est pas ainsi, Cruelle, qu'on m'outrage,
N'attendez plus les respects d'un Amant,
N'attendez que l'emportement
D'un cœur qui se livre à la rage.

ENDIMION,

LE SATYRE.

Les transports les plus furieux
Ne puniffent point une Ingrate ;
Le dépit, le courroux la flate ;
Jamais on ne la punit mieux,
Que lorfqu'à fes fuperbes yeux
Une nouvelle ardeur éclate.

PAN.

J'approuve tes confeils, j'éteins d'indignes feux.

ENSEMBLE.

Par un amour nouveau, par de plus tendres nœuds,
{ *Abbaiffez, confondez* } *l'orgueil de l'Inhumaine ;*
{ *Abbaiffons, confondons* }
 Qu'Elle en gemiffe, qu'Elle apprenne,
 Que fans elle on peut être heureux.

FIN DU TROISIE'ME ACTE.

ACTE IV.

ACTE QUATRIE'ME.

Le Theâtre repréfente une Foreft agréable.

SCENE PREMIERE.

ISMENE.

Sombres Forefts qui charmez la Déeffe,
    Doux azile où coulent mes jours,
Plaifirs nouveaux qui vous offrez fans ceffe,
Pourquoy ne pouvez-vous furmonter ma trifteffe?
Ah! j'attendois de vous un plus puiffant fecours.

Qui peut me rendre encor incertaine, inquiéte?
J'aimois un Infenfible; & ce que j'ay quitté
    Ne doit pas être regreté:
Cependant, fans fçavoir ce que mon cœur regrete,
    Je le fens toûjours agité.

Sombres Forefts qui charmez la Déeffe,
    Doux azile où coulent mes jours,
Plaifirs nouveaux qui vous offrez fans ceffe,
Pourquoy ne pouvez-vous furmonter ma trifteffe?
Ah! j'attendois de vous un plus puiffant fecours.

E.

✳✳✳✳✳✳✳✳✳✳✳✳ ✳✳✳✳✳✳✳✳✳✳✳✳✳✳✳✳ ✳✳✳✳✳✳✳✳✳

SCENE II.

DIANE, LICORIS, ISMENE.

DIANE.

ISmene , parlez-moy sans feinte :
  Endimion vous redemande à moy ;
D'une tendre douleur , j'ay vû son ame atteinte :
  Ismene , parlez-moy sans feinte :
Voulez-vous renoncer à vivre sous ma loy ?

ISMENE.

O Ciel ! que ma surprise est grande !
Quoy ? cet Ingrat.... non , non , je ne le puis penser.

DIANE.

A son amour naissant il veut que je vous rende ,
  Répondez , je vous le commande :
A vivre sous ma loy voulez-vous renoncer ?

ISMENE.

Vous sçavez qu'à jamais je m'y suis asservie ,
  Rien ne peut ébranler ma foy.
A suivre d'autres loix si l'amour me convie ,
L'Amour sans vôtre aveu ne peut plus rien sur moy.

DIANE.

J'entens ce que vous n'osez dire :
  J'useray bien de mon empire ,
Je verray vôtre Amant , allez , attendez-vous
  A recevoir les ordres les plus doux.

SCENE III.
DIANE, LICORIS.
LICORIS.

*A*Insi, *vous permettez qu'Ismene soit contente,*
  Vôtre cœur à jamais reprend sa liberté ;
J'ay vû par son amour ce grand cœur agité,
Mais la gloire a vaincu, Diane est triomphante.

DIANE.

Cesse de presenter ce triomphe à mes yeux ;
Il me coûte trop cher pour être glorieux.

ENSEMBLE.

Qu'on est foible, quand on aime ;
  Qu'il est difficile, helas !
De vaincre un amour extrème !
  Après la victoire même
  On rend encor des combats.

LICORIS.

  C'est une peine affreuse
De rendre une Rivale heureuse,
C'est un effort cruel pour un cœur amoureux ;
Mais lorsque la gloire est contente,
Songez quelle douceur charmante
Doit goûter un cœur genereux.

DIANE.

Endimion dans ces lieux va paraître,
Mon deſſein va s'executer.
Je vais... mais, quoy? je ſens mon cœur ſe revolter,
Je ſens ma foibleſſe renaître;
Par de nouveaux efforts faut-il la ſurmonter?
Dans quel deſordre je retombe!
Que je crains qu'à la fin ma raiſon ne ſuccombe!

Cruel Amour, es-tu content?
Seule je te bravois dans la Troupe celeſte,
Mais ſur mon cœur enfin ton Empire s'étend:
Tu vois ce cœur ſi fier, interdit & flotant;
Le peu de force qui me reſte
Peut me quitter en un inſtant;
Suis-je pour toy dans cet état funeſte
Un triomphe aſſez éclatant?
Cruel Amour, es-tu content?

LICORIS.

Je vois Endimion: paroiſſez plus tranquile,
Prononcez un aveu qui vous fait ſoûpirer:
Plus cet effort eſt difficile,
Moins vous devez le differer.

SCENE IV.
DIANE, ENDIMION.

DIANE.

Venez, Endimion, tout vous est favorable,
J'accorde Ismene à vos desirs.

ENDIMION.
Ah! que mon sort est déplorable!

DIANE.
Que dites-vous? d'où naissent ces soûpirs?

ENDIMION.
Jusque dans vos bontez le destin m'est contraire,
Que ne rejettiez-vous des vœux trop mal conçûs?

DIANE.
Quelle plainte osez-vous me faire?
Quoy? c'est ainsi que mes dons sont reçûs?

Que devient dès ce jour cette flâme nouvelle,
Qu'Ismene en vous fuyant a sçû vous inspirer?

ENDIMION.
Helas! pouvez-vous ignorer
Que je suis sans amour pour elle?

Mon trouble, mes vœux incertains,
Ces soûpirs échapez, mes bizares desseins,
Tout ne vous dit-il pas qu'un autre amour m'enflâme;
Que j'ay voulu l'arracher de mon ame,
Et que tous mes efforts sont vains?

DIANE.

Vous voulez sortir d'esclavage,
Suivez vôtre projet avec plus de courage.

On ne surmonte pas d'abord
Le doux penchant qui nous entraîne,
Ce n'est pas un premier effort
Qui brise une amoureuse chaîne.

ENDIMION.

Non, je veux conserver un malheureux amour;
Que vous importe-t-il que j'en perde le jour?

DIANE.

Je veux dans tous les cœurs, autant qu'il m'est possible,
Etablir la tranquilité;
Il n'est rien de plus doux pour une ame insensible,
Que de voir en tous lieux regner la liberté.

ENDIMION.

Pourquoy, Déesse impitoyable,
A combattre mes feux voulez-vous m'engager?
Je sçay que je ne suis qu'un Mortel, qu'un Berger;
Mais lorsque j'ose aimer un Objet adorable,
Du moins je ne suis pas coupable
D'un témeraire aveu, qui devroit l'outrager.

De mon crime secret la peine est assez grande,
J'étouffe mes soûpirs & mes gémissements ;
Déesse , par pitié, laissez-moy mes tourments ,
    C'est tout le prix que je demande.

D I A N E.

Qu'entens-je ? quoy ! Berger.....

E N D I M I O N.

    Qu'ay-je dit ? quel transport ?
  Ciel ! ay-je rompu le silence ?
L'Amour à mon respect a-t-il fait violence ?
Ah ! vos yeux irritez m'instruisent de mon sort ;
J'y vois tout mon malheur & toute mon offense ,
Mon feu s'est découvert, j'ay merité la mort.

✳✳✳✳✳✳✳✳✳✳✳✳✳✳✳✳✳✳✳✳✳✳✳✳✳✳✳✳✳✳✳✳
✳✳✳✳✳✳✳✳✳✳✳✳✳✳✳✳✳✳✳✳✳✳✳✳✳✳✳✳✳✳✳✳

S C E N E V.

DIANE, ENDIMION, LES HEURES.

UNE DES HEURES, à DIANE.

Du grand Astre des jours la mourante lumiere,
Va dans quelques moments s'éteindre au fond
des Mers ;
    Commencez vôtre carriere,
    Et confolez l'Univers.

D I A N E.

Que mon Char en ces lieux defcende ;
Vents, partez, je vous le commande.

D A N S E S   D E S   H E U R E S,

Tandis que le Char defcend.

CHOEUR DES HEURES.

Répandez, Répandez vôtre douce clarté
Diffipez de la nuit l'obfcurité profonde ;
Vous devez la lumiere au monde,
Lorfque le Soleil l'a quitté.

UNE

UNE DES HEURES.

Quand la nuit dans les airs répand ses voiles sombres,
Vous recommencez vôtre cours ;
D'un seul de vos regards vous dissipez les ombres
Qui favorisoient les Amours.

On danse.

UNE DES HEURES.

Du Dieu qui regne dans Cythere,
Vous troublez les soins les plus doux ;
Vous en bannissez le mistere,
Vous éclairez les yeux jaloux.

UNE DES HEURES,
Et le Chœur alternativement.

Que l'ardeur de servir une aimable Immortelle,
Fasse nos soins les plus charmants :
Si nous avons d'heureux moments,
Ne les employons que pour Elle ;
Ne servons jamais les Amants.

Diane monte dans son Char.

E

SCENE VI.

ENDIMION.

ELle part ! & me laiſſe en ce lieu ſolitaire !
Elle ne daigne pas m'exprimer ſa colere.
Il luy ſuffit de me livrer
Au déſeſpoir mortel qui doit me déchirer.

Fatal égarement, tranſport que je déteſte ;
Tout eſt perdu pour moy, vous m'avez fait parler ;
J'ay rendu criminel par un aveu funeſte
Le plus beau feu dont on puiſſe brûler ;

Cachons-nous pour jamais aux beaux yeux qui m'en-
chantent,
Je faiſois de les voir mon bonheur le plus doux ;
Mais ils redoubleroient les maux qui me tourmentent,
Je verrois leur juſte courroux.

Allons finir nos jours dans d'éternelles larmes ;
Deſerts, qui pouvez ſeuls avoir pour moy des charmes,
Ouvrez vos Antres ténébreux,
Pour recevoir un malheureux.

FIN DU QUATRIE'ME ACTE.

ACTE CINQUIEME.

Le Theâtre repréfente un Antre du Mont Latmos,
au fond duquel Endimion paroît endormy.

SCENE PREMIERE.

ENDIMION endormy.

TROUPE D'AMOURS.

Rêtez vôtre fecours à ce Berger aimable ;
Dieu du Sommeil, rendez-luy le repos.

Il céde au tourment qui l'accable ;
Dieu du Sommeil, rendez-luy le repos,
Un amant miferable
A befoin de tous vos pavots.

DEUX AMOURS.

Quelle eft cette clarté naiffante
Au milieu de l'obfcurité !
Peut-être une Déeffe Amante
Defcend dans cet Antre écarté.

DEUX AUTRES AMOURS.

C'eſt Diane ; Elle vient revoir ce qu'elle adore,
 Cachons-nous à ſes yeux ;
Taiſons-nous ; il faut qu'Elle ignore
 Que les Amours ſont en ces lieux.

S C E N E II.

D I A N E.

Puis-je encore me reconnoître ?
L'Amour du haut des Cieux me force à diſparoître ;
Je refuſe aux Mortels ſaiſis d'un juſte effroy,
 La lumiere que je leur doy.

Le Berger que renferme un Antre ſi ſauvage,
Par ſa vive douleur a trop ſçû m'allarmer.
Nobles ſoins, que le ſort m'a donnez en partage,
N'attendez rien de moy ; je ne ſçais plus qu'aimer.

Je puis en liberté voir icy ce que j'aime,
 Le Sommeil ſuſpend ſon ennuy.
Ce temps m'eſt précieux, puiſqu'il ne peut luy-même
 Sçavoir ce que je fais pour luy.

Mais quoy ! faut-il toûjours foûpirer & me taire ?
Ses vertus , fon refpect fincere,
Ses tourments , & tous mes combats ,
Pour me juftifier ne fuffiroient-ils pas ?

Qu'il forte d'un fommeil où fa doleur mortelle
Peut-être encor ague fes efprits ;
Qu'il fçache... O Ciel !.. quel deffein ay-je pris ?
Non , reprenons mon cours , l'Univers me rapelle.
Quel charme me retient ? Fuyons. Quoy ? Je ne puis ?
Ah ! Fuyons ; Je fens trop le peril où je fuis ;

Mais , helas ! qu'ay-je fait ?

SCENE III.

DIANE, ENDIMION.

ENDIMION, qui s'éveille.

Que voy-je ? Quoy , Déeffe ?
Vous venez pour punir un amour qui vous bleffe ?
Ah ! mon trépas étoit certain ;
Il alloit vous venger de ma coupable audace :
Mais je tiendray pour une grace ,
Que de fi juftes coups partent de vôtre main.

ENDIMION,

DIANE.

Comment dans mes regards voyez-vous de la haine!

ENDIMION.

Contentez le courroux qui vous guide en ces lieux.

DIANE.

Ne me pouvois-je pas venger du haut des Cieux?

ENDIMION.

Par ce discours obscur vous redoublez ma peine,
Je ne veux que mourir, & mourir à vos yeux.

DIANE.

Il faut, il faut enfin cesser d'être incertaine.

Aprenez vôtre sort, je ne puis plus cacher
    Que mon superbe cœur soûpire.
    Vos vertus m'avoient sçû toucher,
Vôtre respect me contraint à le dire.

ENDIMION.

Qu'ay-je entendu? Non, non, mes sens sont abusez,
    Et ce songe va disparoître.

DIANE.

Quoy? mon amour me fait-il méconnoître
    Par vous-même qui le causez?

ENDIMION.

Déeſſe, il eſt donc vray? Quelle ardeur... quel hommage..
Tout mon cœur... De mon trouble entendez le langage,
Je ne ſuis pas digne d'un ſort ſi doux,
Si je n'en meurs à vos genoux.

Pardonnez aux ſoûpirs qu'un Berger vous adreſſe,
Du moins je ne ſens point mon cœur ſe partager;
Ce ſont vos charmes ſeuls qui ſçavent m'engager;
Je ne vois point que vous êtes Déeſſe.

DIANE.

A vos ſeules vertus j'ay donné ma tendreſſe;
Je ne vois point que vous êtes Berger.

Mon cœur ſe croyoit invincible,
Mais vous l'avez déſarmé.

ENDIMION.

Sans vous, j'étois inſenſible;
Sans vous, je n'euſſe point aimé.

ENSEMBLE.

Mon cœur ſe croyoit invincible,
Mais vous l'avez déſarmé.
Sans vous, j'étois inſenſible;
Sans vous, je n'euſſe point aimé.

DIANE.

Aimable Endimion, cet Antre deſormais
Sera le ſeul témoin de nôtre intelligence,
La nuit & le ſilence
Y conduiront mes pas ſous leurs voiles épais.

✳✳✳

SCENE IV.

L'AMOUR, DIANE, ENDIMION.

L'AMOUR.

Non, je ne conſens point à perdre ainſi ma gloire.

DIANE.

Que voy-je ! & qui l'auroit pû croire ?

L'AMOUR.

Antre diſparoiſſez, fuyez, obſcure nuit;
Que tout l'Univers ſoit inſtruit
De ma plus brillante victoire.

Le Thâtre ſe change, & devient un Jardin
delicieux.

DIANE.

C'eſt trop contre Diane exercer de rigueurs.

A de moindres Vainqueurs
D'un éclat odieux laiſſe la gloire vaine;
N'effarouche point d'autres cœurs,
Qui voudroient en ſecret porter ta douce chaîne.

L'AMOUR.

L'AMOUR.

Je me rends: calme tes regrets ;
Tes vœux feront comblez, que tes craintes finissent ;
Les Amours quelquefois sçavent être discrets :
Mais de ma gloire au moins que ces lieux retentissent.

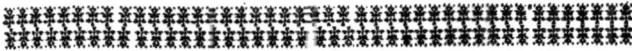

SCENE CINQUIE'ME
ET DERNIERE.

L'AMOUR, DIANE, ENDIMION,
Troupe d'AMOURS, DE JEUX,
ET DE PLAISIRS.

L'AMOUR.

*F*Ormez *les plus aimables jeux*
Pour le Dieu de Cythere.

CHOEUR DES AMOURS.

Formons les plus aimables jeux
Pour le Dieu de Cythere.

L'AMOUR.

De ces tendres Amants favorisez les feux.

LE CHOEUR.

Formons les plus aimables jeux
Pour le Dieu de Cythere.

G

L'AMOUR.

L'Amour veut qu'en ces lieux tout conspire à leur plaire:
De ces tendres Amants favorisez les feux.

LE CHOEUR.

Formons les plus aimables jeux
Pour le Dieu de Cythere.

On danse.

DIANE,

Dieu favorable,
Dieu secourable,
Dieu des Amants,
Que tes biens sont charmants!
Ta douce flâme
Bannit d'une ame
Le souvenir de ses tourments.

Si dans tes chaînes
Il est des peines,
Que de plaisirs
Succedent aux soûpirs!

Douceur extrême,
Bonheur suprême,
Tu vas plus loin que mes desirs.

Dieu favorable,
Dieu secourable,
Dieu des Amants,
Que tes. biens sont charmants!
Ta douce flâme
Bannit d'une ame
Le souvenir de ses tourments.

L'AMOUR,

Regnez, Plaisirs, brillez dans ces Retraites;
Tout s'embellit dans les lieux où vous êtes,
Volez jeunes Zephirs, faites naître les fleurs,
Enchantez les yeux & les cœurs.

FIN DU CINQUIE'ME ACTE.

APROBATION.

J'A Y lû par ordre de Monseigneur le Garde des Sceaux, ENDIMION, *Pastorale Heroïque* ; Et j'ay cru que le Public en verroit l'Impression avec plaisir. Fait à Paris, ce onze May mil sept cent trente-un. Signé GALLYOT.

PRIVILEGE DU ROY.

LOUIS par la grace de Dieu, Roy de France & de Navarre : A nos amez & feaux Conseillers, les Gens tenant nos Cours de Parlement, Maîtres des Requêtes ordinaires de nôtre Hôtel, Grand Conseil, Prevôt de Paris, Baillifs, Sénéchaux, leurs Lieutenans-Civils, & autres nos Justiciers qu'il appartiendra ; Salut. Les Sieurs Besnier, Avocat en Parlement, Chomat, Duchesne, & de la Val de S. Pont, Bourgeois de nôtre bonne Ville de Paris ; Nous ont fait remontrer, qu'en consequence de l'Arrest de nôtre Conseil du 12. Decembre 1712. du Traité fait entr'eux & les Sieurs de Francine & Dumont, le 24. desdits Mois & An, & de nos Lettres Patentes du 8. Janvier ensuivant, confirmatives dudit Traité ; Ils auroient acquis le Privilege, de faire representer les Opera durant le temps de vingt années, à compter du 10. Aoust 1712. ainsi que le Privilege de la vente des Paroles desdits Opera, lesquelles ils desireroient faire imprimer pour les donner au Public, s'il Nous plaisoit leur accorder nos Lettres de Privilege sur ce necessaires : A CES CAUSES ; desirant favorablement traiter les Exposans, attendu les charges dont l'Academie Royale de Musique se trouve oberée, & les grandes dépenses qu'il convient de faire, tant pour l'Impression que pour la Gravûre en Taille-douce des Planches dont ce Livre sera orné ; Nous leur avons permis & permettons par ces Presentes, de faire imprimer & graver les Paroles & la Musique de tous lesdits Opera, qui ont été ou qui seront representez par l'Academie Royale de Musique, tant separément que conjointement, en telle forme, marge, caractere, nombre de Volumes & de fois que bon leur semblera, & de les vendre & debiter par tout nôtre Royaume pendant le temps de dix-neuf années consecutives, à compter du jour de la datte desdites Presentes. Faisons défenses à toutes personnes, de quelque qualité & condition qu'elles puissent être, d'en introduire d'impression étrangere, dans aucun lieu de nôtre obéissance : Et à tous Imprimeurs, Libraires, Graveurs, & autres, d'imprimer, faire imprimer, vendre, faire vendre, débiter ny contrefaire lesdites Impressions, Planches & Figures, en tout ny en partie, sans la permission expresse & par écrit desdits Sieurs Exposans, ou de ceux qui auront droit d'eux, à peine de confiscation des Exemplaires contrefaits, de six mille livres d'amende contre chacun des Contrevenants, dont un tiers à Nous, un tiers à l'Hôtel-Dieu de Paris, l'autre tiers ausdits Sieurs Exposans, & de tous dépens, dommages & interests, à la charge que ces Presentes seront enregistrées tout au long sur le Registre de la Communauté des Imprimeurs & Libraires de Paris, & ce dans trois Mois de la datte d'icelles ; que la gravûre & impression desdits Opera sera faite dans nôtre Royaume & non ailleurs, en bon papier & en beaux caracteres, conformément aux Reglemens de la Librairie, & qu'avant de les exposer en vente, il en sera mis deux Exemplaires dans nôtre Bibliotheque publique, un dans celle de nôtre Château du Louvre, un autre dans celle de nôtre tres-cher & feal Chevalier Chancelier de France, le Sieur Phelypeaux, Comte de Pontchartrain, Commandeur de nos Ordres ; Le tout à peine de nullité des Presentes ; Du contenu desquelles vous mandons & enjoignons de faire joüir lesdits Sieurs Exposans, ou leurs Ayants-cause, pleinement & paisiblement, sans souffrir qu'il leur soit fait aucun trouble ou empeschement. Voulons que la Copie desdites Presentes, qui sera imprimée au commencement ou à la fin desdits Opera, soit tenuë pour dûëment signifiée ; & qu'aux Copies collationnées par l'un de nos amez & feaux Conseillers & Secretaires, foy soit ajoûtée comme à l'Original. Commandons au premier nôtre Huissier ou Sergent, de faire pour l'execution d'icelles tous Actes requis & necessaires, sans demander autre permission, & nonobstant Clameur de Haro, Charte Normande & Lettres à ce contraires. CAR tel est nôtre plaisir. DONNÉ à Versailles le vingtiéme jour d'Aoust l'An de Grace mil sept cent treize, & de nôtre Regne le soixante-onziéme, Par le Roy en son Conseil. Signé BESNIER, avec paraphe, & scellé.

Registré sur le Registre N°. III. de la Communauté des Libraires & Imprimeurs de Paris, Page 848. N°. 741. conformément aux Reglemens, & notamment à l'Arrest du 10. Aoust 1703. Fait à Paris ce 12. Septembre 1713. Signé, L. JOSSE, Syndic.

Par Traité passé, DE L'ORDRE DU ROY, pardevant Notaires, le 22. Novembre 1727. entre l'Academie Royale de Musique, & le Sr. BALLARD, Seul Imprimeur du Roy, &c. Il est Cessionnaire de ladite Academie, pour ce qui regarde les Livres mentionnez au Privilege cy-dessus.

www.ingramcontent.com/pod-product-compliance
Lightning Source LLC
LaVergne TN
LVHW022137080426
835511LV00007B/1152